AF563995

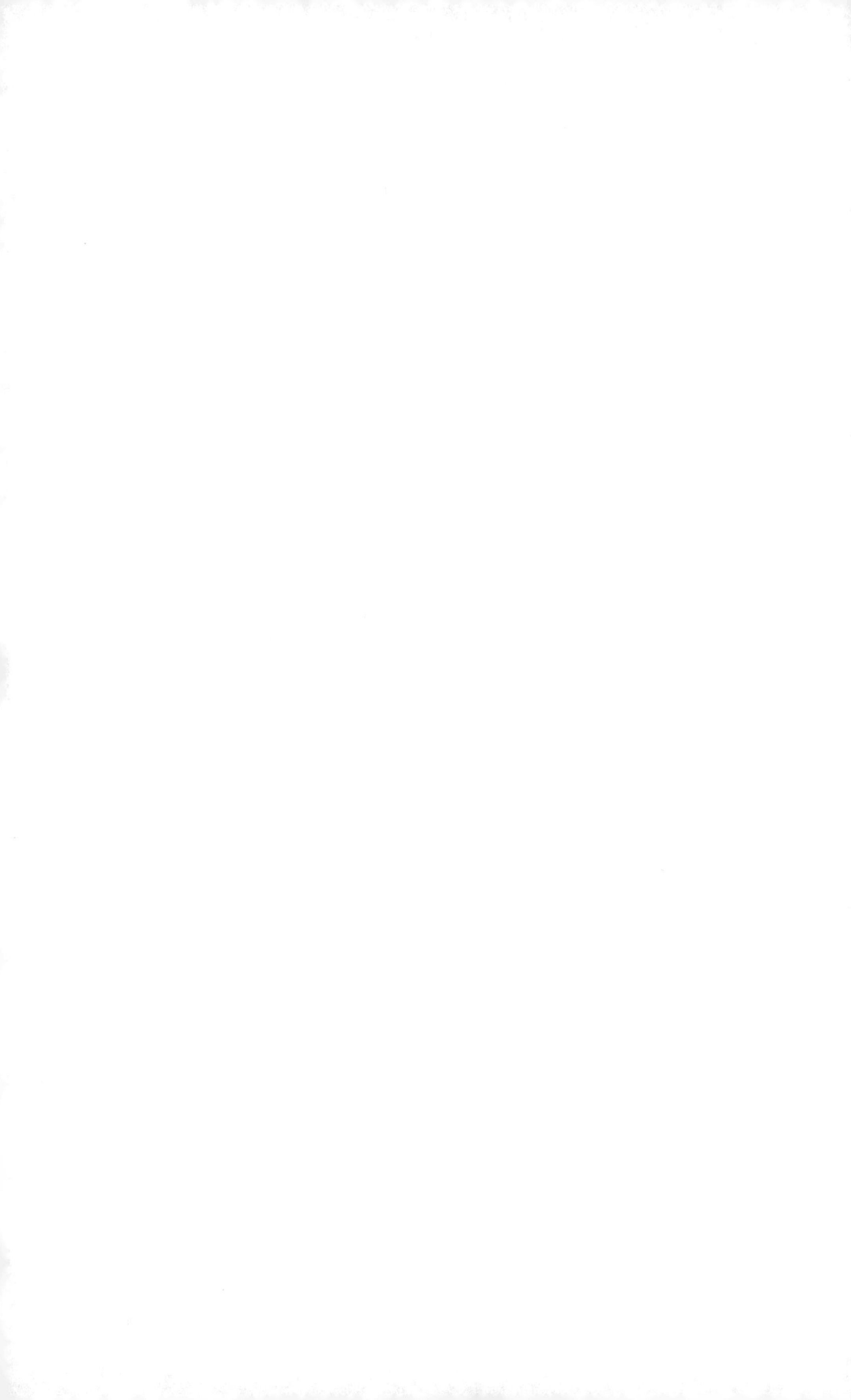

21 ~~Mai~~ Juin 1910

marqué PN

ANCIENNES PORCELAINES DE CHINE

Porcelaines variées

CATALOGUE

DES

Anciennes Porcelaines

DE LA CHINE ET DU JAPON

Faïences et Porcelaines variées

Dont la Vente aura lieu, à Paris

HOTEL DROUOT, SALLE N° 11

Les Mercredi 1er et Jeudi 2 Juin 1910

A DEUX HEURES

COMMISSAIRE-PRISEUR

Me HENRI BAUDOIN

Successeur de M. Paul CHEVALLIER

10, rue Grange-Batelière

EXPERTS

MM. MANNHEIM

7, rue Saint-Georges

PARIS

EXPOSITION PUBLIQUE

Le Mardi 31 Mai 1910, de 1 heure 1/2 à 5 heures 1/2

CONDITIONS DE LA VENTE

Elle sera faite au comptant.

Les adjudicataires paieront *dix pour cent* en sus des enchères.

ORDRE DES VACATIONS

Le Mercredi 1er Juin 1910

Faïences variées.	1 à 13
Porcelaines et émaux divers.	14 à 21
Porcelaines de Chine.	21 à 129

Le Jeudi 2 Juin 1910

Porcelaines de la Chine et du Japon (Fin des) .	130 à 246
Poterie chinoise et japonaise. Émaux de Canton.	247 à 255

Paris. — Imp. de l'Art, Ch. Berger, 41, rue de la Victoire.

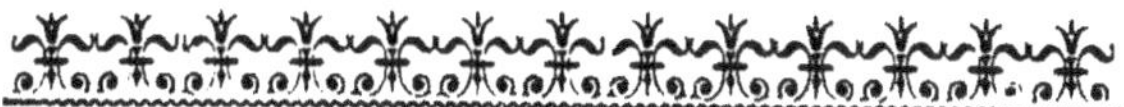

DÉSIGNATION

FAIENCES VARIÉES

1 — Deux assiettes en ancienne faïence de Moustiers : cartouche à personnages ; marli à lambrequins.

2 — Assiette en ancienne faïence de Rouen : panier de fleurs au centre ; lambrequins au marli.

3 — Assiette en ancienne faïence de Rouen ; panier de fleurs au centre ; lambrequins et guirlandes au marli.

4 — Deux petits cornets à pans en ancienne faïence de Nevers, à décor de fleurs en jaune et blanc sur fond bleu de Perse.

5 — Deux vases à pans analogues.

6 — Aiguière analogue.

7 — Deux assiettes à bords ajourés : décor de fleurs. Ancienne faïence de Marseille. Marque de la *veuve Perrin*.

8 — Plaque, décorée de fleurs. Ancienne faïence de Delft.

9 — Deux plaques : paon et fleurs. Même faïence.

10 — Deux assiettes en ancienne faïence de Delft rehaussée de dorure : oiseau sur un arbre. Marque de *Pynacker*.

11 — Plat creux en ancienne faïence de Rhodes : fleurs et palmettes.

12 — Deux assiettes : génie et rocailles. Faïence italienne du XVIIIe siècle.

13 — Théière avec couvercle en céramique émaillée vert, à décor de personnages et animaux en relief.

PORCELAINES

ET ÉMAUX DIVERS

14 — Médaillon et deux plaques de baisers de paix, à décor de sujets saints en émail peint de Limoges, XVIe siècle. Dans un même cadre.

15 — Deux plaques en émail peint de Limoges, XVIe siècle, présentant chacune une sybille vue à mi-corps, dans un médaillon à fond noir.

16 — Plaque en émail peint de Limoges, par *I. Laudin*, XVIIe siècle : Saint François-Xavier.

17 — Quatre plaques en émail peint de Limoges, par *I. Laudin*, XVIIe siècle : Saint Thomas, Saint Barthélemy, Saint Mathieu et Saint Thadée.

18 — Deux plaques en émail peint de Limoges, XVIIe siècle : Bustes du Christ et de la Vierge, en grisaille avec rehauts de dorure.

19 — Théière en forme d'écureuil en ancienne porcelaine de Saxe.

20 — Brûle-parfum avec couvercle en ancienne porcelaine de Chine, à décor de fleurs et poissons, provenant du service de la Pompadour, et supporté par un cerf couché de même porcelaine et garni d'une monture en bronze doré du temps de Louis XV, enrichie de fleurettes en ancienne porcelaine tendre de Chantilly.

21 — Brûle-parfum avec couvercle, placé auprès d'un tronc d'arbre, en ancienne porcelaine tendre de Chantilly.

PORCELAINES DE LA CHINE

ET DU JAPON

22 — Plat en ancienne porcelaine de Chine, époque des Ming (1368-1647) : décor bleu, et surdécor composé de dragons émaillés jaune au milieu des flammes.

23 — Plat creux en ancienne porcelaine de Chine, époque des Ming, présentant, sur fond carrelé rouge, des fleurs contenues dans un médaillon bordé d'une couronne de fleurons.

24 — Deux plats creux en ancienne porcelaine de Chine, époque des Ming, à décor de rinceaux et grosses fleurs.

25 — Deux plats creux en ancienne porcelaine de Chine, époque des Ming : fleurs sur fond vermiculé rouge; bordures à fleurs sur un fond analogue.

26 — Potiche en ancienne porcelaine de Chine, époque des Ming, décorée de compartiments contenant des poissons. Épaulement et culot ornés de zones à imbrications rouges et rinceaux en couleurs.

169 20 169

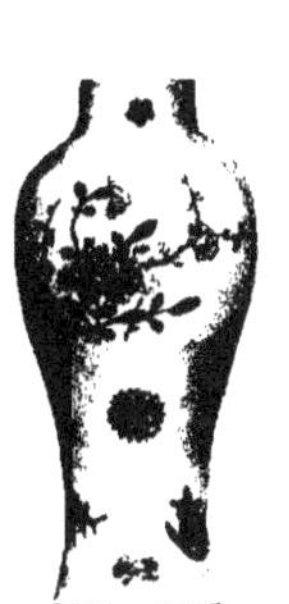

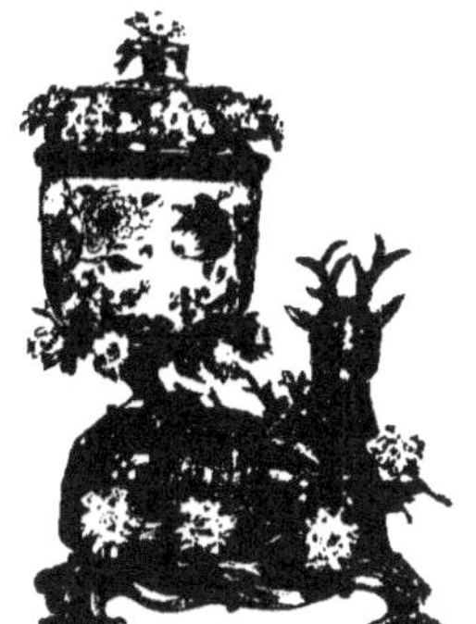

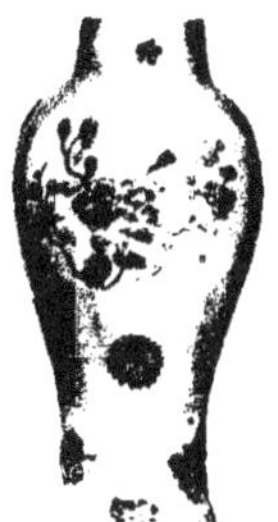

2550 les 2 2750

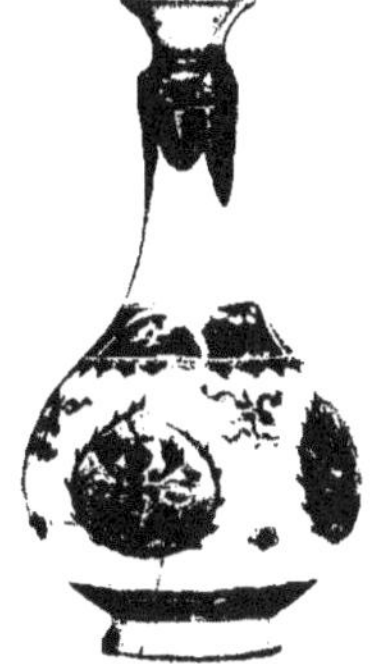

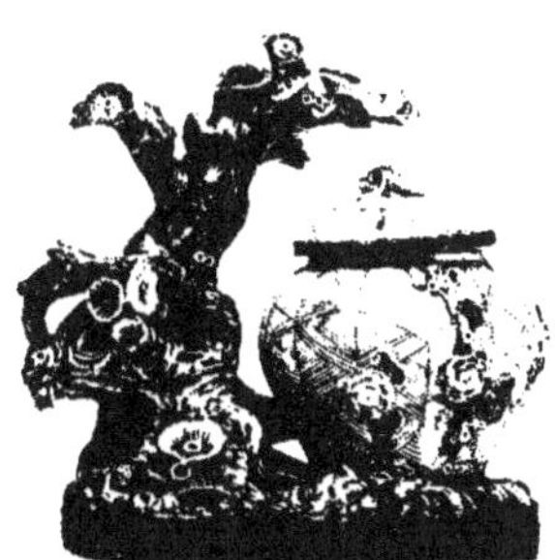

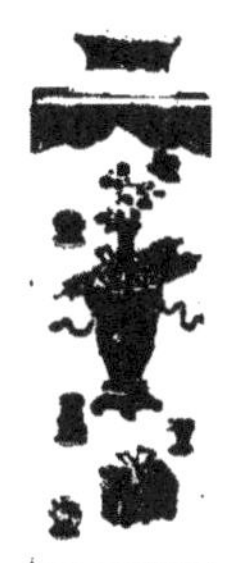

47 21 39

1640

27 — Porte-pinceau en ancienne porcelaine de Chine, à décor de dragons ajourés. *Nien-hao de Tching-hoa* (1465-1488).

28 — Bol en ancienne porcelaine de Chine, présentant, à l'extérieur et à l'intérieur, des oiseaux, des fleurs et des rochers. *Nien-hao de Tching-hoa.*

29 — Plat creux en ancienne porcelaine de Chine, époque Kang-hi (1662-1723) : fleurs et insectes avec médaillon central; bordure carrelée à quatre réserves de poissons et de crevettes.

30 — Deux plats variés en ancienne porcelaine de Chine, époque Kang-hi, présentant, l'un, deux femmes dans un jardin, l'autre, deux oiseaux sur un arbre. Marlis verts à quatre réserves. Bordures rouges.

31 — Deux vases de forme ovoïde allongée en ancienne porcelaine de Chine, époque Kang-hi : compartiments juxtaposés contenant des branches fleuries.

32 — Coupe ronde à couvercle repercé en ancienne porcelaine de Chine, époque Kang-hi : branches fleuries.

33 — Deux flacons cylindriques en ancienne porcelaine de Chine, époque Kang-hi : rochers fleuris.

34 — Plat creux en ancienne porcelaine de Chine, époque Kang-hi : rochers fleuris, vases de fleurs et oiseaux. Bordure carrelée interrompue par six réserves contenant des fleurs.

35 — Deux plats en ancienne porcelaine de Chine, époque Kang-hi : rochers fleuris; marlis carrelés interrompus par six réserves contenant des ustensiles.

36 — Plat creux en ancienne porcelaine de Chine, époque Kang-hi, présentant une scène d'exécution.

37 — Plat en ancienne porcelaine de Chine, époque Kang-hi, décor rayonnant à compartiments contenant des animaux ; marli carrelé interrompu par six réserves contenant des branchages.

38 — Deux compotiers en ancienne porcelaine de Chine, époque Kang-hi : vase de fleurs ; chutes à douze compartiments de paysages et fleurs.

39 — Quatre flacons carrés, décorés de fleurs et d'ustensiles variés, en ancienne porcelaine de Chine, époque Kang-hi.

40 — Deux plats creux variés en ancienne porcelaine de Chine, époque Kang-hi : oiseaux, arbustes et grosses fleurs. Bordures interrompues par quatre réserves à fleurs, poissons et crevettes.

41 — Deux potiches avec couvercles en ancienne porcelaine de Chine, époque Kang-hi, décorées, sur fond vert, de dragons ailés et de chevaux au milieu des flammes.

42 — Deux plats creux en ancienne porcelaine de Chine, époque Kang-hi : corbeilles de fleurs. Bordures de fleurs interrompues par six réserves à fleurs et papillons.

43 — Plat creux en ancienne porcelaine de Chine, époque Kang-hi : oiseau sur un arbre. Bordure de fleurs interrompue par quatre réserves contenant des poissons et des crevettes.

44 — Deux petits plats en ancienne porcelaine de Chine, époque Kang-hi : gerbes de fleurs; marlis à fonds rouges.

45 — Deux compotiers en ancienne porcelaine de Chine, époque Kang-hi : rochers et fleurs. Bordures carrelées interrompues par quatre réserves contenant des ustensiles.

46 — Deux plaques en ancienne porcelaine de Chine, époque Kang-hi, décorées sur les deux faces : branchages, animaux et personnages.

47 — Quatre bouteilles légèrement variées en ancienne porcelaine de Chine, époque Kang-hi, décor de palmettes et fleurs.

48 — Potiche avec un couvercle en ancienne porcelaine de Chine, époque Kang-hi; panse et col ornés chacun d'une zone de fleurs et d'animaux séparés par trois bandes de carrelages et de lambrequins.

49 — Deux flacons-aspersoirs en ancienne porcelaine de Chine, époque Kang-hi, décorés de fleurs et de quatre motifs irréguliers.

50 — Deux plats creux en ancienne porcelaine de Chine, décor de paysages animés. *Nien-hao de Kang-hi.*

51 — Deux coupes à bords festonnés et sur pied bas évasé, décor rayonnant de fleurs et quadrillés. Ancienne porcelaine de Chine, époque Kang-hi.

52 — Sucrier rond avec couvercle et à deux anses en ancienne porcelaine de Chine, époque Kang-hi : femmes faisant de la musique.

53 — Flacon-aspersoir en ancienne porcelaine de Chine, époque Kang-hi, décoré de palmettes et de fleurs.

54 — Deux sucriers avec couvercles et petites anses en ancienne porcelaine de Chine, époque Kang-hi : compartiments à fleurs sur fond vert caillouté.

55 — Plat octogone en ancienne porcelaine de Chine, époque Kang-hi, décoré de branches fleuries et d'oiseaux, avec quatre réserves au marli se détachant sur un fond vert chargé de fleurs.

56 — Écuelle avec couvercle en ancienne porcelaine de Chine, époque Kang-hi : compartiments de branches fleuries.

57 — Bol en ancienne porcelaine de Chine, époque Kang-hi, décoré sur fond jaune clair d'arbustes et d'oiseaux.

58 — Plat octogone en ancienne porcelaine de Chine, époque Kang-hi : branches fleuries et oiseaux ; marli à fleurs interrompu par quatre réserves contenant des crevettes et des crabes.

59 — Trois plats octogones en ancienne porcelaine de Chine, époque Kang-hi : oiseaux et arbustes ; marlis chargés de fleurs interrompus par quatre réserves contenant des insectes.

60 — Plat creux en ancienne porcelaine de Chine, époque Kang-hi, présentant, sur un fond bleu fouetté rehaussé de dorures, cinq réserves contenant des fleurs et des ustensiles en couleurs. Au revers, marque d'une des ventes du musée de Dresde.

61 — Deux flacons-aspersoirs en ancienne porcelaine de Chine, époque Kang-hi : ustensiles et fleurons.

62 — Deux plaques rectangulaires en ancienne porcelaine de Chine, époque Kang-hi : personnages d'un côté, ustensiles et fleurs de l'autre.

63 — Deux petits plats octogones en ancienne porcelaine de Chine, époque Kang-hi : oiseaux et arbustes; marlis verts à fleurs et oiseaux, bordures rouges.

64 — Petit vase-rouleau en ancienne porcelaine de Chine, époque Kang-hi : branches fleuries, oiseaux et inscriptions.

65 — Deux plats creux en ancienne porcelaine de Chine, époque Kang-hi, présentant deux femmes auprès d'un mur.

66 — Deux petits plats analogues. Même époque.

67 — Deux petits plats en ancienne porcelaine de Chine, époque Kang-hi : fong-hoang et branches fleuries; marlis à fleurs interrompus par quatre réserves contenant des poissons.

68 — Deux compotiers à bords ajourés en ancienne porcelaine de Chine, époque Kang-hi, présentant deux femmes debout auprès d'une haie fleurie et d'un mur.

69 — Deux compotiers à bords ajourés en ancienne porcelaine de Chine, époque Kang-hi, décor rayonnant.

70 — Deux assiettes en ancienne porcelaine de Chine, époque Kang-hi : fleurs et oiseaux ; marlis verts à quatre réserves avec bordures rouges.

71 — Deux plats en ancienne porcelaine de Chine, époque Kang-hi : fong-hoang et rochers fleuris ; marlis à huit compartiments contenant des fleurs et des Kilin.

72 — Deux plats longs en ancienne porcelaine de Chine, époque Kang-hi : paysages avec murailles au fond.

73 — Deux petits plats en ancienne porcelaine de Chine, époque Kang-hi : corbeille de fleurs ; au marli, quatre bouquets de fleurs.

74 — Deux petits plats ronds à bords festonnés en ancienne porcelaine de Chine, époque Kang-hi : rochers fleuris au centre, ainsi que dans les huit compartiments de la chute.

75 — Plat creux en ancienne porcelaine de Chine, époque Kang-hi : guerrier debout auprès d'une habitation, à l'intérieur de laquelle sont assis deux personnages.

76 — Plat creux en ancienne porcelaine de Chine, époque Kang-hi : mandarin assis à une table et donnant audience à deux groupes de guerriers.

77 — Deux plats en ancienne porcelaine de Chine, époque Kang-hi, décorés de vases de fleurs et ustensiles ; marlis à fond carrelé interrompu par six réserves contenant des fleurs.

78 — Plat creux en ancienne porcelaine de Chine, époque Kang-hi : rochers, fleurs et fong-hoang ; chute carrelée à six réserves contenant des fleurs.

79 — Sucrier rond avec couvercle en ancienne porcelaine de Chine, époque Kang-hi : branches fleuries et insectes ; anses émaillées vert.

80 — Deux coupes rondes avec couvercles en ancienne porcelaine de Chine, époque Kang-hi. Montures en bronze.

81 — Deux petits vases de forme allongée avec couvercles en ancienne porcelaine de Chine, époque Kang-hi : oiseaux sur des arbustes en fleurs. Pieds en bronze.

82 — Deux petits vases cylindriques avec couvercles en ancienne porcelaine de Chine, époque Kang-hi : compartiments juxtaposés de branches fleuries.

83 — Vase à panse ovoïde en ancienne porcelaine de Chine, époque Kang-hi : mandarin donnant une audience ; sur le col, le Dieu de Longévité.

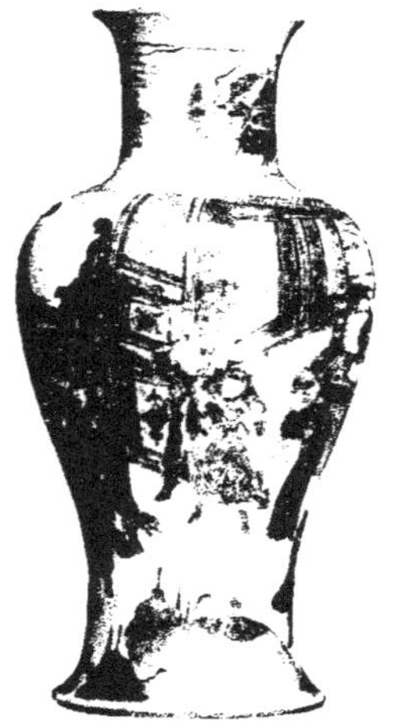

83

2800

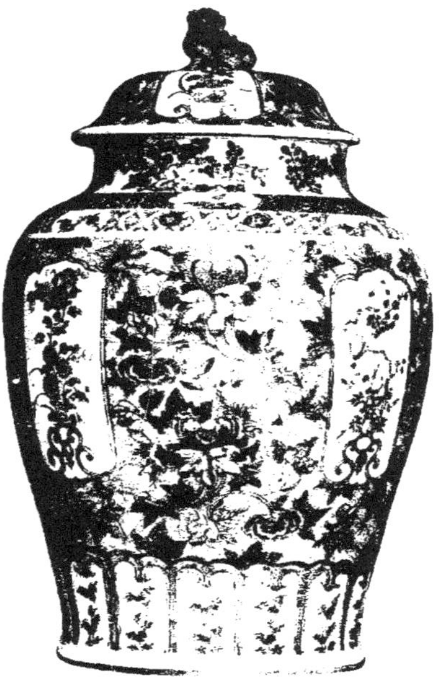

164

2600

158

1250

84 — Deux compotiers coquilles, décorés d'ustensiles, en ancienne porcelaine de Chine, époque Kang-hi.

85 — Petit plat creux en ancienne porcelaine de Chine, époque Kang-hi, orné d'un grand vase de fleurs entouré d'ustensiles; chute droite à quatre réserves.

86 — Plat creux en ancienne porcelaine de Chine, époque Kang-hi : corbeille de fleurs ; bordure de rinceaux à six réserves de fleurs.

87 — Plat creux en ancienne porcelaine de Chine, époque Kang-hi, présentant deux oiseaux sur un arbre ; chute quadrillée à six réserves.

88 — Cornet en ancienne porcelaine de Chine, époque Kang-hi, avec renflement médian, décoré de trois compositions à personnages et enfants.

89 — Deux plats en ancienne porcelaine de Chine, époque Kang-hi, décor rayonnant, avec corbeille de fleurs au centre.

90 — Plat creux en ancienne porcelaine de Chine, époque Kang-hi : arbustes et papillons ; chutes à six réserves.

91 — Deux plats creux en ancienne porcelaine de Chine, époque Kang-hi, présentant chacun un médaillon contenant des oiseaux et des fleurs,

entouré de compartiments juxtaposés ornés d'ustensiles, de branchages et d'animaux; chutes quadrillées à petites réserves.

92 — Plat en ancienne porcelaine de Chine, époque Kang-hi : au fond, trois femmes auprès d'une habitation; au marli, six réserves contenant des ustensiles.

93 — Deux plaques en ancienne porcelaine de Chine, époque Kang-hi, offrant chacune quatre personnages auprès d'une habitation.

94 — Support hexagone ajouré en ancienne porcelaine de Chine, époque Kang-hi.

95 — Deux plats creux en ancienne porcelaine de Chine, époque Kang-hi, présentant chacun deux fong-hoang auprès d'une haie fleurie.

96 — Deux plats creux en ancienne porcelaine de Chine, époque Kang-hi : scènes familiales; marlis à fleurs et à six réserves d'ustensiles.

97 — Plat creux en ancienne porcelaine de Chine, époque Kang-hi, orné d'un motif rayonnant, encadré de huit compartiments contenant des animaux; bordure à papillons.

98 — Plat creux en ancienne porcelaine de Chine, époque Kang-hi : motif rayonnant, entouré de huit compartiments contenant des fleurs et des oiseaux; bordure à papillons.

99 — Deux petits plats creux en ancienne porcelaine de Chine, époque Kang-hi, décorés d'ustensiles; bordures à fleurs et rinceaux.

100 — Lanterne hexagone sur base mobile en ancienne porcelaine de Chine, époque Young-tching (1723-1736); les pans sont ajourés et présentent chacun un médaillon avec personnages ou paysage. Couvercle en cuivre.

101 — Deux plats en ancienne porcelaine de Chine, décorés chacun d'une rosace entourée de branches de chrysanthèmes, avec quatre demi-rosaces au marli.

102 — Deux cornets en ancienne porcelaine de Chine, décor bleu : réserves à personnages, fonds carrelés.

103 — Vase-balustre à large col en ancien céladon bleu turquoise de la Chine, gaufré sous couverte à motifs irréguliers et lambrequins. Anses mascarons chimériques.

104 — Vase en ancienne porcelaine de Chine, décoré d'un dragon en relief émaillé bleu sur fond violet aubergine.

105 — Support demi-circulaire émaillé violet aubergine. Ancienne porcelaine de Chine.

106 — Support rectangulaire en ancien céladon bleu turquoise de la Chine.

107 — Coupe, forme feuille d'eau, avec branchages en relief, en ancien céladon bleu turquoise de la Chine.

108 — Statuette en ancienne porcelaine de Chine : personnage assis et souriant, vêtu d'une robe rouge.

109 — Vase à eau en forme de fruit en ancien céladon gris verdâtre de la Chine, rehaussé de bleu et de violet.

110 — Support demi-circulaire en ancien céladon bleu turquoise de la Chine.

111 — Bol à bords festonnés en ancienne porcelaine de Chine, décoré intérieurement et extérieurement de compartiments en spirale, chargés de papillons et de carrelages sur fonds verts, jaunes et violets alternés.

112 — Jardinière ronde sur trois petits pieds en ancien céladon vert camélia de la Chine.

113 — Deux petites bouteilles légèrement variées : personnages et fleurs. Ancienne porcelaine de Chine.

114 — Petit pot ovoïde en ancienne porcelaine de Chine : branches fleuries et oiseaux sur fond jaune clair.

115 — Autre analogue. Même porcelaine.

116 — Petite bouteille à col renflé en ancienne porcelaine de Chine émaillée bleue.

117 — Bol en ancienne porcelaine de Chine, décoré de médaillons contenant des fleurs en rouge et or et se détachant sur un fond vert à bâtons rompus en blanc.

118 — Petite jardinière ronde en ancienne porcelaine de Chine émaillée violet aubergine.

119 — Jardinière octogone ajourée en ancienne porcelaine de Chine, à décor de vases de fleurs.

120 — Personnage en costume européen, monté sur un cheval. Ancien blanc de Chine.

121 — Tasse et soucoupe en ancienne porcelaine de Chine : fleurs et feuilles sur fond vert vermiculé noir.

122 — Tasse et soucoupe en ancienne porcelaine de Chine, à bords festonnés ; fond rouge et doré chargé de fleurs avec branchages en relief.

123 — Deux petits chiens de Fô debout en ancienne porcelaine de Chine émaillée sur biscuit en vert, jaune et violet.

124 — Petit poisson émaillé violet aubergine en ancienne porcelaine de Chine.

125 — Bol en ancienne porcelaine de Chine, à décor d'arbustes en fleurs et de rochers sur fond jaunâtre craquelé.

126 — Deux pots ovoïdes avec couvercles en ancienne porcelaine de Chine, décor doré sur fond bleu.

127 — Deux perruches en ancienne porcelaine de Chine émaillée sur biscuit : plumage gris, rochers en jaune, vert et violet.

128 — Gourde en ancien céladon gris-verdâtre de la Chine, gaufré sous couvercle, décor de rinceaux fleuris.

129 — Kilin debout en ancien céladon gris-verdâtre de la Chine.

130 — Tasse et soucoupe en ancienne porcelaine de Chine : arbustes et oiseaux sur fond gris craquelé.

131 — Théière en ancien céladon bleu turquoise truité de la Chine : déversoir en forme de chauve-souris émaillée gros bleu.

132 — Petit plateau hexagone en ancienne porcelaine de Chine : ustensiles émaillés vert, jaune et violet.

133 — Sucrier rond avec couvercle en ancienne porcelaine de Chine, à décor de fleurs.

134 — Théière avec couvercle de forme orientale en ancienne porcelaine de Chine, décor doré sur fond bleu fouetté.

135 — Petit sucrier rond avec couvercle en ancienne porcelaine de Chine : fleurs réservées en blanc sur fond bleu.

136 — Pitong en ancienne porcelaine de Chine, simulant un tronc d'arbre.

137 — Brûle-parfum tripode en ancienne porcelaine de Chine, à décor de fleurettes en relief émaillées bleu clair sur fond gros bleu.

138 — Petite bouteille à pans en ancienne porcelaine de Chine émaillée gros bleu, à décor d'animaux et bambous gaufrés sous couverte.

139 — Vase ajouré de forme ovoïde en ancien céladon gris-verdâtre de la Chine.

140 — Bouteille en ancienne porcelaine de Chine émaillée vert camélia truité.

141 — Bouteille en ancien céladon bleu turquoise de la Chine.

142 — Bouteille en ancien céladon bleu turquoise de la Chine, à décor de rinceaux fleuris gravés sous couverte.

143 — Bouteille en ancienne porcelaine de Chine, à couverte imitant le bronze.

144 — Deux bouteilles à cols munis d'un renflement et d'un goulot évasé en ancienne porcelaine de Chine, décorées sur fond bleu fouetté de réserves contenant des ustensiles et des insectes en bleu.

145 — Deux flacons-aspersoirs légèrement variés, analogues aux bouteilles précédentes.

146 — Bouteille en ancienne porcelaine de Chine émaillée gros bleu.

147 — Bouteille en ancienne porcelaine de Chine émaillée gros bleu.

148 — Vase à col muni d'un renflement en ancienne porcelaine de Chine, décoré d'un fong-hoang en grisaille et de marbrures en vert, jaune et brun.

149 — Vase ovoïde allongé en ancienne porcelaine de Chine, décoré de rinceaux en bleu sur fond gris craquelé.

150 — Vase-rouleau en ancienne porcelaine de Chine, décoré en bleu rehaussé de rouge de cuivre; il présente trois personnages debout dans des compartiments séparés par des carrelages. Sur le reste du vase sont disposées des zones de motifs irréguliers et de carrelages.

151 — Vase-balustre à large col en ancien céladon gris craquelé de la Chine.

152 — Bouteille à pans à col renflé en ancienne porcelaine de Chine, décorée de réserves en rouge sur fond carrelé rouge.

153 — Vase-balustre, muni de deux petits anses, en ancien céladon bleu turquoise de la Chine.

154 — Deux légumiers en forme de canards, décorés au naturel. Ancienne porcelaine de Chine.

155 — Deux vases-balustres à pans en ancienne porcelaine de Chine, à décor de personnages et fleurs ; encadrements dorés.

156 — Petit vase-rouleau en ancienne porcelaine de Chine gaufrée sous couverte, surdécoré en Europe de personnages dans un jardin.

157 — Bouteille en ancien céladon bleu turquoise de la Chine.

158 — Vase-rouleau en ancienne porcelaine de Chine, décoré de deux grands compartiments contenant des arbustes en fleurs et des papillons; fleurs sur le col; rehauts de dorure.

159 — Deux bouteilles en ancienne porcelaine de Chine, laquées noir et burgautées, à décor de paysages animés.

160 — Deux pots ovoïdes avec couvercles en ancienne porcelaine de Chine, à décor bleu : compartiments contenant des ustensiles et séparés par des fleurs.

161 — Cornet en ancienne porcelaine de Chine, décoré sur fond blanc, gaufré sous couverte, de personnages émaillés bleu et marron, jouant avec des crapauds à trois pattes.

162 — Brûle-parfums tripode en ancien céladon gris craquelé de la Chine.

163 — Pot ovoïde en ancienne porcelaine de Chine : rochers, branches fleuries et oiseaux ; épaulement carrelé à réserves. Couvercle moderne.

164 — Grosse potiche avec couvercle en ancienne porcelaine de Chine, décorée de compartiments contenant des branches fleuries se détachant sur un fond de carrelages rouges chargé de fleurs.

165 — Pitong simulant des bambous en ancien céladon bleu-turquoise de la Chine.

166 — Vase-rouleau en ancienne porcelaine de Chine, offrant sur fond bleu fouetté des compartiments variés en dorure, contenant des paysages et des inscriptions et séparés par des carrelages.

167 — Porte-fleurs à panse octogone aplatie et à triple goulot, avec anses dragons ajourées, en ancien céladon gris-verdâtre de la Chine.

168 — Plat rond en ancienne porcelaine de Chine, époque Kien-lung (1736-1796); au fond, un groupe d'ustensiles; à la chute, un carrelage en bleu; au marli, quatre branches de fleurs.

169 — Deux potiches en ancienne porcelaine de Chine, décorées sur fond rose de réserves contenant des branches fleuries. Époque Kien-lung.

170 — Deux plats en ancienne porcelaine de Chine, époque Kien-lung, provenant du service de la Pompadour; décor de fleurs avec poissons et oiseaux au marli.

171 — Plat en ancienne porcelaine de Chine, époque Kien-lung, avec rehauts de dorure, présentant deux femmes étendues sur un lit de repos; marli à quatre réserves sur fond chargé de fleurs.

172 — Deux plats creux en ancienne porcelaine de Chine, époque Kien-lung : fleurs, fruits et poissons; provenant du service de la Pompadour.

173 — Tasse et soucoupe en ancienne porcelaine de Chine, époque Kien-lung : branchages en relief. Fond marbré rose.

174 — Tasse à café avec soucoupe en ancienne porcelaine de Chine, époque Kien-lung : médaillons de fleurs et d'insectes, fond chargé de rinceaux fleuris.

175 — Pot ovoïde en ancienne porcelaine de Chine, époque Kien-lung, décoré sur fond bleu pâle de papillons et de fleurs.

176 — Deux petits plats en ancienne porcelaine de Chine, époque Kien-lung : insectes au centre ; marlis à entrelacs.

177 — Assiette en ancienne porcelaine de Chine, époque Kien-lung : coq et fleurs ; marli à fond noir.

178 — Deux assiettes en ancienne porcelaine de Chine, époque Kien-lung, présentant quatre personnages ; au marli, six groupes de poissons et des oiseaux.

179 — Petit vase quadrilatéral ajouré en ancienne porcelaine de Chine, époque Kien-lung; bordure à bâtons rompus en bleu ; base imitant le bois.

180 — Deux petits vases-appliques en ancienne porcelaine de Chine, époque Kien-lung, présentant chacun un paysage sur fond rouge corail rehaussé de dorure. Bases en cuivre.

181 — Deux petits plats en ancienne porcelaine de Chine, époque Kien-lung, de style européen : double écu d'alliance, timbré d'une couronne de marquis ; fleurs en bleu au marli.

182 — Deux plats en ancienne porcelaine de Chine, époque Kien-lung : composition familiale à quatre personnages ; marlis fleuris, avec quatre réserves de branches de pêchers en fleurs.

183 — Deux plats en ancienne porcelaine de Chine, époque Kien-lung, présentant chacun un coq, des insectes et une haie fleurie ; marlis à lambrequins vermiculés et petits paysages.

184 — Petit plateau chargé de fruits en ronde bosse. Ancienne porcelaine de Chine, époque Kien-lung.

185 — Jardinière rectangulaire en ancienne porcelaine de Chine, époque Kien-lung, offrant sur fond rouge d'or des réserves de fleurs et d'oiseaux.

186 — Trois flacons à thé variés avec couvercle en ancienne porcelaine de Chine, époque Kien-lung : médaillons de fleurs et d'insectes, fonds chargés de rinceaux fleuris avec paysage animé.

187 — Tasse et soucoupe à bords festonnés, décor de fleurs et poissons : branchages en relief. Ancienne porcelaine de Chine, époque Kien-lung.

188 — Petit vase-applique en ancienne porcelaine de Chine, époque Kien-lung, présentant, sur fond rouge corail rehaussé de dorure, deux réserves contenant un paysage et des fleurs.

189 — Deux assiettes en ancienne porcelaine de Chine, époque Kien-lung, présentant, sur un fond noir chargé de fleurs, des rouleaux dépliés contenant des branches fleuries.

190 — Deux assiettes en ancienne porcelaine de Chine, époque Kien-lung ; au fond, écusson d'armoiries ; au marli, carrelages roses interrompus par quatre réserves à fleurs.

191 — Plat rond à bord festonné en ancienne porcelaine de Chine, époque Kien-lung ; au fond, un écusson armorié; au marli, des palmettes en bleu et des motifs irréguliers.

192 — Théière avec couvercle en ancienne porcelaine de Chine, époque Kien-lung : médaillons contenant des vases de fleurs ; fond chargé de rinceaux dorés et de fleurs.

193 — Tasse à café et soucoupe en ancienne porcelaine de Chine, époque Kien-lung ; fonds roses et jaunes, branchages et mulots en relief.

194 — Quatre vases pots-pourris variés avec couvercles en ancienne porcelaine de Chine, époque Kien-lung : fleurs, fruits et poissons. Provenant du service de la Pompadour.

195 — Deux assiettes en ancienne porcelaine de Chine, époque Kien-lung, contenant chacune une femme jouant de la koto ; marlis à réserves sur fond argenté.

196 — Deux assiettes en ancienne porcelaine de Chine, époque Kien-lung, présentant chacune un double écu d'alliance, timbré d'un casque, avec ustensiles au marli.

197 — Deux assiettes en ancienne porcelaine de Chine, époque Kien-lung, présentant chacune deux coqs et des fleurs; marlis carrelés bleu.

198 — Deux assiettes en ancienne porcelaine de Chine, époque Kien-lung, offrant chacune six personnages auprès d'un bosquet; au marli, douze petites réserves sur fond bleu clair quadrillé.

199 — Vase de forme allongée en ancienne porcelaine de Chine, époque Kien-lung, décoré du Dieu de Longévité, accompagné de divinités et d'enfants, avec animaux sur le col.

200 — Assiette en ancienne porcelaine de Chine, époque Kien-lung, présentant quatre personnages; marli carrelé rose à quatre réserves; revers rouge d'or.

201 — Deux assiettes en ancienne porcelaine de Chine, époque Kien-lung, présentant chacune deux femmes jouant avec deux enfants qui s'amusent à pêcher; marlis carrelés rose à quatre réserves de fleurs.

202 — Deux assiettes en ancienne porcelaine de Chine, époque Kien-lung, présentant chacune une femme, un enfant et le cerf, symbole de la Longévité ; marlis à fleurs.

203 — Tasse et soucoupe en ancienne porcelaine de Chine, époque Kien-lung : femmes et brebis ; bordure carrelée rose, interrompue par trois réserves.

204 — Deux assiettes creuses en ancienne porcelaine mince de la Chine, époque Kien-lung, présentant deux femmes debout dans un jardin ; marli à quatre branches fleuries.

205 — Coupe ronde avec couvercle, en ancienne porcelaine de Chine, époque Kien-lung : fleurs sur fond noir ; étroite bordure rouge.

206 — Vase à large col en ancienne porcelaine de Chine, époque Kien-lung, décor de groupes de personnages.

207 — Compotier en ancienne porcelaine de Chine, époque Kien-lung : réserves contenant des fleurs ; fond clathré or.

208 — Deux cornets en ancienne porcelaine de Chine, époque Kien-lung, décorés de médaillons, fleurs et lambrequins sur fond jaune.

209 — Assiette creuse en ancienne porcelaine mince de la Chine, époque Kien-lung : femme tenant une corbeille et accompagnée d'un enfant.

210 — Assiette creuse en ancienne porcelaine mince de la Chine, époque Kien-lung, présentant deux femmes assises dans un jardin ; au-dessus d'elles, un fong-hoang.

211 — Deux assiettes octogones en ancienne porcelaine de Chine, époque Kien-lung, décorées chacune d'une corbeille de fleurs ; marlis émaillés rouge d'or et offrant huit réserves à fleurs.

212 — Bol avec couvercle en ancienne porcelaine de Chine, époque Kien-lung, orné de branchages et écureuils en relief.

213 — Deux sucriers ronds avec couvercles en ancienne porcelaine de Chine, époque Kien-lung : fleurs, fruits et poissons. Provenant du service de la Pompadour.

214 — Assiette octogone en ancienne porcelaine de Chine, époque Kien-lung, décorée d'une femme et de deux enfants auprès d'une table ; marli rouge d'or à huit réserves de fleurs.

215 — Deux assiettes octogones en ancienne porcelaine de Chine, époque Kien-lung, présentant chacune un cerf et une biche auprès d'un rocher fleuri.

216 — Soucoupe en ancienne porcelaine de Chine, époque Kien-lung : fleurs en bleu dans un motif rayonnant sur fond rouge d'or.

217 — Théière, flacon à thé, pot à lait avec couvercles et deux tasses à café avec soucoupes en ancienne porcelaine de Chine ; décor de personnages accompagnés de brebis, avec encadrements de fleurs. Époque Kien-lung.

218 — Théière avec couvercle en ancienne porcelaine de Chine, époque Kien-lung, décorée de branchages et médaillons en relief.

219 — Deux cafetières obconiques avec couvercles en ancienne porcelaine de Chine, époque Kien-lung : haies fleuries.

220 — Deux tasses avec soucoupes en ancienne porcelaine de Chine, époque Kien-lung ; pourtour extérieur réticulé à jour.

221 — Deux théières à pans avec couvercles en ancienne porcelaine de Chine, époque Kien-lung : compartiments de fleurs ; fond carrelé rose.

222 — Théière surbaissée avec couvercle en ancienne porcelaine de Chine, époque Kien-lung ; réserves contenant des fleurs, fond carrelé rose.

223 — Deux petits pots à lait avec couvercles en ancienne porcelaine de Chine, époque Kien-lung : vases de fleurs et rinceaux, avec carrelages roses au culot.

224 — Théière avec couvercle et anse surélevée en ancienne porcelaine de Chine, époque Kien-lung ; corps polyédrique orné de personnages et d'ustensiles sur chaque facette.

225 — Plateau à bords lobés en ancienne porcelaine de Chine, époque Kien-lung, offrant trois personnages auprès d'une table.

226 — Vase en ancienne porcelaine mince de Chine, fin de l'époque Kien-lung, à décor de scènes galantes et de petites réserves à paysages.

227 — Tasse et soucoupe en porcelaine de Chine émaillée jaune, décor de dragons gravés sous couverte. Époque Tao-Kouan (1821-1851).

228 à 233 — Dix petits vases variés en ancienne porcelaine de Chine. (Seront divisés.)

234 — Deux petites potiches avec couvercles en porcelaine de Chine, décorées de papillons et insectes se détachant sur un fond de larges feuilles.

235 — Théière avec couvercle, jaspée bleu clair et violet aubergine. Porcelaine de Chine.

236 — Théière cylindrique avec couvercle en porcelaine de Chine émaillée bleu.

237 — Deux petites assiettes creuses en ancienne porcelaine du Japon, décor bleu, rouge et or : femme et cerf.

238 — Vase obconique en ancienne porcelaine du Japon : fleurs en bleu, rouge et or.

239 — Deux potiches à pans avec couvercles en ancienne porcelaine du Japon, à décor de branches fleuries et oiseaux en bleu, vert, rouge et or.

240 — Deux bouteilles à cols à double renflement en ancienne porcelaine du Japon, à décor de branches fleuries en bleu, vert, rouge et or.

241 — Deux statuettes de femmes debout en porcelaine du Japon ; décor bleu, rouge et or.

242 — Deux oiseaux en porcelaine blanche du Japon.

243 — Jardinière accostée d'un personnage souriant, assis, en porcelaine émaillée gris-verdâtre du Japon.

244 — Pitong, orné d'un dragon dans les flots. Porcelaine du Japon.

245 — Deux bouteilles en porcelaine du Japon : paysages animés, dragons en ronde bosse à la naissance du col.

246 — Deux poissons émaillés rouge en porcelaine du Japon.

POTERIE CHINOISE

ET JAPONAISE

ÉMAUX DE CANTON

247 — Fourneau de pipe à opium de forme hexagonale, décoré de fleurs. Poterie chinoise.

248 — Vase à eau émaillé vert en forme de crustacé. Terre vernissée chinoise.

249 — Boite en forme de lapin en ancienne poterie chinoise, décorée sur fond bleu, et rehaussée d'émaux cloisonnés; couvercle garni d'argent doré.

250 — Flacon, décoré de fleurs sur fond jaunâtre craquelé. Poterie japonaise.

251 — Flacon à six pans, décoré de carrelages sur fond jaunâtre craquelé. Poterie japonaise.

252 — Tasse et soucoupe : fleurs sur fond craquelé jaunâtre. Poterie japonaise.

253 — Tasse et soucoupe en poterie japonaise, à décor de réserves en dorure sur fond vert.

254 — Jardinière-applique, décorée de personnages en relief. Poterie japonaise.

255 — Deux compotiers en émail de Canton : paysages.

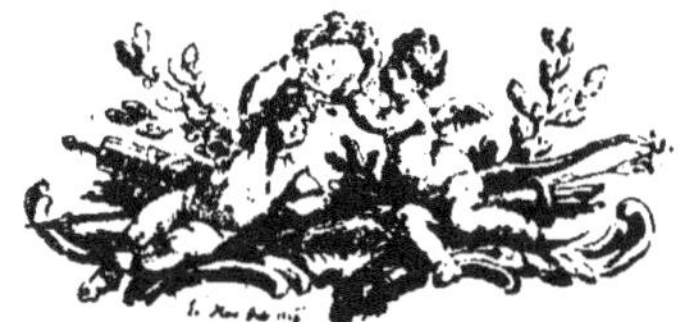

www.ingramcontent.com/pod-product-compliance
Lightning Source LLC
LaVergne TN
LVHW021715230826
846091LV00006BA/2189

* 9 7 8 2 3 2 9 5 1 4 2 8 4 *